Milena Baisch

Geschichten vom Baumhaus

Illustrationen von Irmgard Paule

Bibliografische Information Der Deutschen Bibliothek
Die Deutsche Bibliothek verzeichnet diese Publikation in der
Deutschen Nationalbibliografie; detaillierte bibliografische
Daten sind im Internet über *http://dnb.ddb.de* abrufbar.

*Der Umwelt zuliebe ist dieses Buch
auf chlorfrei gebleichtem Papier gedruckt.*

ISBN-10: 3-7855-5714-0
ISBN-13: 978-3-7855-5714-3
1. Auflage 2006
© 2006 Loewe Verlag GmbH, Bindlach
Umschlagillustration: Irmgard Paule
Reihenlogo: Angelika Stubner
Printed in Italy (011)

www.loewe-verlag.de

Inhalt

Das wackelige Brett 8

Die Schlange 16

Der Räuber 24

Ein Baumhaus für mich alleine 34

Das wackelige Brett

Endlich ist es warm genug.

„Jetzt dürfen wir wieder im  spielen!", ruft Toni.

Er läuft mit Klara in den . Dort steht der große  mit Tonis und Klaras . Klara setzt ihren rechten  auf den dicken .

Mit den hält sie sich gut am ▮ fest. Dann drückt sie sich nach oben und setzt den linken 👟 auf den nächsten 🌳.

Toni kann Klara nicht mehr sehen.

Sie ist zwischen den

verschwunden. „Bist du schon

beim  ?", ruft er.

Als Klara beim  ankommt, krabbelt sie gleich hinein. Sie setzt sich auf den . Aber der schwankt gefährlich. Ein vom ist wackelig.

Klara wackelt auch. Sie will

schnell wegkrabbeln, und da

kracht es im .

„Toni!", ruft Klara. Das  fällt

runter.

„Klara!", ruft Toni. Da landet Klara

vor Tonis auf der .

„Aua", sagt Klara. Das tut ihr

weh. Aber sonst ist nichts passiert.

Dann klettert sie nochmal auf

den , und Toni kommt mit.

Mitten im  vom 🌳 fehlt jetzt ein 🪵. Vor dem ❄️ waren alle 🪵 im 🌳 schön fest.

„Wer hat das 🪵 gelockert?", fragt Toni.

„Der da!", ruft Klara.

Sie zeigt auf einen kleinen , der

aus dem dicken herauswächst.

Dann geht sie ins . Sie holt

und einen . Denn jetzt müssen

sie das  um den kleinen,

neuen herumbauen.

Die Schlange

Toni sitzt gemütlich im .

Klara will ihn ein bisschen ärgern.

Sie klettert auf den und steckt

einen  durch das

vom . Damit kitzelt sie Toni

am und ruft: „Uah! Eine

fressende !"

„Ja, ja", sagt Toni. Er ärgert sich gar nicht.

Klara geht in den  und sucht die Bella. Sie klettert mit Bella auf den  auf den  und setzt sie ins .

„Achtung, da kommt ein hungriger !", ruft sie.

„ mit ", sagt Toni. Er nimmt Bella in seine und streichelt sie. Er ärgert sich immer noch nicht.

Also holt Klara ein und lässt es durch das vom baumeln. „Toni, hinter dir ist eine giftige ", sagt sie. Dabei streift sie mit dem über Tonis .

„Eine 🐍?", schreit Toni.

Schon springt er auf seine 👟 und

klettert aus dem 🌳 auf

einen 🌳. Von dort klettert er

schnell auf den nächsten 🌳,

immer höher und höher.

Als er ganz oben ist, ruft Klara:

„Es war keine {snake}!" Sie steht

unten auf der {Wiese} und winkt mit

dem {Seil}. „Es war nur ein {Seil}?",

fragt Toni. Jetzt ärgert er sich.

„Komm wieder runter!", ruft Klara.

Aber Toni klammert sich mit

seinen  fest an den .

Er traut sich nicht. Da kommt Klara

auf den , um Toni zu helfen.

Klara bindet das  um Tonis

und um ihren eigenen .

Dann steigen sie vorsichtig

den  hinunter.

Toni fühlt sich wie ein .

Der Räuber

Toni klettert ins 🌳. Er hat ein 📕 und drei große 🍪 dabei. Im 🌳 macht er es sich gemütlich. Er liest in seinem 📖 und isst einen 🍪. Die ☀ scheint schön warm. Davon wird Toni ganz müde.

Bald fallen ihm die 👀 zu.

Das 📖 rutscht aus seinen ✋.

Toni schläft ein.

Als er wieder aufwacht, ist nur

noch ein 🍪 da.

Toni klettert vom 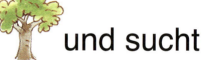 und sucht

Klara. „Hast du mir einen

geklaut?", fragt er.

„Nein, ich war doch mit dem

unterwegs", antwortet Klara.

Toni sucht die Bella. „Hast du meinen geklaut?", fragt er.

Bella schmiegt ihren an sein , weil sie gestreichelt werden will.

Da fällt Toni ein, dass Bella nur  und  mag. Sonst nichts, auch keine . Wenn Klara und Bella es nicht waren, dann muss ein den geklaut haben.

Toni ist wütend. Der 🏃, der kann was erleben. Mit 🏹 und 🏹 klettert Toni wieder ins 🌳.

Er legt den 🍪 gut sichtbar hin, schaut aus dem 🪟 und spannt den 🏹.

Erst mal kommt kein 🏃, aber

Toni kann warten. Er wartet lange.

Als ihm die 👐 wehtun, schüttelt

er sie kurz aus.

Plötzlich zwitschert etwas hinter

Toni. Blitzschnell dreht er sich um.

Da sieht er einen kleinen , der durch die Tür ins  geflogen kommt. Der landet vor dem und hackt mit seinem in den hinein.

„Das gibt's ja nicht!", ruft Toni.

Erschrocken guckt der  Toni

mit seinen kleinen an. Dann

schnappt er sich den ganzen ,

flattert zur und fliegt über

den davon.

Toni nimmt  und und klettert vom . Von  hat er für heute genug. Jetzt will er ein  essen, und darum geht er ins .

Ein Baumhaus für mich alleine

Klara kommt aus dem . Sie hat  und dabei. Im trifft sie Toni, der ein unterm trägt. „Ich gehe ins ", sagt Toni.

„Aber ich brauche das  jetzt für mich alleine", erwidert Klara.

„Ich will dort ein malen."

Da läuft Toni schnell zum .

Klara folgt ihm. Beide klettern den  hinauf, fast so schnell wie . Und dann krabbeln sie gleichzeitig durch die  vom .

„Ich war zuerst da!", ruft Toni.

„Nein, ich!", ruft Klara.

Sie streiten sich so lange,

bis Klara zwei  nimmt.

„Wir losen!", sagt sie. „Wer den

roten zieht, darf bleiben."

Sie versteckt die beiden

hinter ihrem .

Toni zeigt auf Klaras linken .

Er hat den roten erwischt.

„Ich darf im bleiben!",

ruft Toni stolz.

„Darf ich nicht trotzdem mein

hier malen?", bittet Klara.

Toni schlägt sein auf.

„Nein, ich brauche das

jetzt für mich alleine."

Während Klara ihre 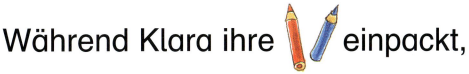 einpackt,

beginnt es zu regnen. Der

wird immer stärker. Laut prasselt

er gegen die  vom .

Klara streckt ihren aus der .

Toni klappt sein wieder zu.

„Vielleicht komme ich lieber mit",

sagt er.

Aber der ist vom

ganz nass und rutschig geworden.

So können die nicht klettern.

Sie müssen im  warten.

Der ist laut und unheimlich.

„Ich bin froh, dass du da bist",

sagt Klara und kuschelt sich an

Tonis . „Ich auch", sagt Toni.

Die Wörter zu den Bildern:

 Baumhaus

 Boden

 Garten

 Brett

 Baum

 Wiese

 Fuß

 Knie

 Ast

 Winter

 Arme

 Zweig

 Baumstamm

 Haus

 Blätter

 Nägel

Hammer   Quark

 Fenster   Soße

 Ohr   Seil

 Fleisch   Schlange

 Pflanze   Kopf

 Katze   Hände

 Schultern   Bauch

 Tiger   Bergsteiger

Buch   Räuber

 Kekse   Pfeil

 Sonne   Bogen

 Augen   Vogel

 Fahrrad   Schnabel

 Bein   Tür

 Milch   Käsebrot

 Katzenfutter Papier

Buntstifte   Rücken

 Bild   Regen

 Affen   Kinder

 **Milena Baisch** wurde 1976 geboren. Nach der Schule begann sie, Kinderbücher zu schreiben, und besuchte an der Filmakademie in Berlin die Drehbuch-Klasse. Seitdem schreibt sie neben Kinderbüchern auch Drehbücher für Film und Fernsehen.

Irmgard Paule studierte an der Fachhochschule für Gestaltung in München. Danach arbeitete sie als freischaffende Grafikerin in der Werbung. Seit 1997 illustriert sie Kinderbücher für verschiedene Verlage.